葵花朵朵向太陽 乙亥年勞動節磨雲畫

少其同志
屬唐雲畫
壬寅八月

海棠幽鸟图 尺寸不详

谷蛙图 尺寸不详

富贵有余 尺寸不详

花鸟虫鱼册（之一）尺寸不详

睡鹅图 尺寸不详

幽禽鸣翠柳 105.5cm×52cm

迎春花松鼠图 137.5cm×68.5cm

绶带鸟和寿桃灵芝图 95cm×59cm

山花烂漫 102cm×62cm

燕雀双蝶 70cm×53cm

迎春图 124cm×51cm

小鸿曼陀罗图 89cm×47cm

捕雀图 78cm×48cm

银塘翠鸟 尺寸不详

荷塘翠鸟 86.5cm×49cm

花鸟虫鱼册（之五）尺寸不详

鸳鸯芙蓉 尺寸不详

朵朵葵花向太阳 114.5cm×58cm

葡萄松鼠 31.7cm×21.2cm

蓼汀过雨 92cm×49.5cm

紫霞佳趣 80.8cm×28.5cm

西风吹上旧山衣 45.5cm×34.5cm

凌霄 尺寸不详

玉兰小鸿 尺寸不详

唐 云

花 鸟 册

唐云艺术馆 编

浙江摄影出版社
全国百佳图书出版单位